Impressum
Verlag: BABADADA GmbH, Nedderfeld 112 , 22529 Hamburg
Geschäftsführer / Verlagsleitung: Harald Hof
Druck: Books on Demand GmbH, In de Tarpen 42, 22848 Norderstedt

Imprint
Publisher: BABADADA GmbH, Nedderfeld 112 , 22529 Hamburg, Germany
Managing Director / Publishing direction: Harald Hof
Print: Books on Demand GmbH, In de Tarpen 42, 22848 Norderstedt

教室
aula

除
dividir

186/2

黑板
pizarrón

校园
patio de escuela

老师
maestro

纸
papel

书写
escribir

钢笔
birome

办公桌
escritorio

直尺
regla

书
libro

学生
alumno

书包

mochila

铅笔盒

caja de lápices

铅笔

lápiz

卷笔刀

sacapuntas

橡皮擦

goma (de borrar)

画板

bloc de dibujo

图画

dibujo

画笔

pincel

颜料盒

caja de pinturas

剪刀

tijera

胶水

pegamento

练习册

cuaderno de ejercicios

家庭作业

tarea

12

数字

número

2+2

加

sumar

5-2

减

restar

2×2

乘

multiplicar

计算

calcular

A

字母

letra

ABCDEFG
HIJKLMN
OPQRSTU
VWXYZ

字母表

abecedario

hello

字

palabra

课文

texto

读

leer

粉笔

tiza

上课

lección

登记

cuaderno de clase

考试

examen

证书

certificado

校服

uniforme escolar

教育

educación

百科全书

enciclopedia

大学

universidad

显微镜

microscopio

地图

mapa

废纸筐

tacho (de basura)

学校 - colegio

酒店
hotel

青年旅社
hostel

外币兑换处
casa de cambio

手提箱
valija

汽车
auto

语言
idioma

是/否
sí / no

好的
Está bien

您好
hola

翻译员
traductor

谢谢
Gracias

……多少钱？

¿cuánto cuesta…?

我不明白

No entiendo

问题

problema

晚上好！

¡Buenas tardes!

早上好！

¡Buenos días!

晚安！

¡Buenas noches!

再见

adiós

方向

dirección

行李

equipaje

包

bolso

双肩包

mochila

客人

invitado

房间

habitación

睡袋

bolsa de dormir

帐篷

carpa

旅游信息

información turística

海滩

playa

信用卡

tarjeta de crédito

早餐

desayuno

午餐

almuerzo

晚餐

cena

票

pasaje

电梯

ascensor

邮票

sello

边界

frontera

海关

aduana

大使馆

embajada

签证

visa

护照

pasaporte

交通运输
transporte

飞机
avión

船
barco

消防车
autobomba

公交车
colectivo

卡车
camión

汽艇
lancha a motor

自行车
bicicleta

汽车
auto

摆渡船
ferry

小船
bote

摩托车
moto

警车
patrullero

赛车
auto de carreras

租车
auto de alquiler

8   交通运输 - transporte

拼车

alquiler de autos

拖车

grúa

垃圾车

camión de basura

发动机

motor

汽油

nafta

加油站

estación de servicio

交通标志

señal de tránsito

交通

tránsito

交通堵塞

embotellamiento

停车场

estacionamiento

火车站

estación de tren

轨道

vías

火车

tren

电车

tranvía

货车

vagón

直升机

helicóptero

机场

aeropuerto

塔

torre

乘客

pasajero

集装箱

contenedor

纸板箱

caja de cartón

手推车

carretilla

篮子

canasta

起飞/降落

despegar / aterrizar

城市

ciudad

村庄

pueblo

市中心

centro de ciudad

房子

casa

电影院
cine

广告
publicidad

路灯
farol

街道
calle

出租车
taxi

小吃店
kiosco

行人
peatón

人行道
vereda

斑马线
paso peatonal

立圾箱
contenedor de basura

十字路口
cruce

红绿灯
semáforo

小屋
cabaña

公寓
departamento

火车站
estación de tren

市政厅
municipalidad

博物馆
museo

学校
colegio

大学

universidad

银行

banco

医院

hospital

酒店

hotel

药房

farmacia

办公室

oficina

书店

librería

商店

negocio

花店

florería

超市

supermercado

市场

mercado

百货商店

grandes tiendas

鱼店

pescadería

购物中心

centro comercial

海港

puerto

公园

parque

长凳

banco

桥

puente

楼梯

escaleras

地铁

subte

隧道

túnel

公交车站

parada del colectivo

酒吧

bar

餐馆

restaurante

邮筒

buzón

路标

letrero

停车计时器

parquímetro

动物园

zoológico

游泳馆

pileta

清真寺

mezquita

农场

granja

污染

contaminación

墓地

cementerio

教堂

iglesia

操场

juegos infantiles

寺庙

templo

地形

paisaje

树叶
hoja

指示牌
poste indicador

路
camino

草地
pradera

石头
piedra

树
árbol

徒步旅行者
excursionista

河
río

草
hierba

花
flor

峡谷

valle

山

montaña

湖

lago

森林

bosque

沙漠

desierto

火山

volcán

城堡

castillo

彩虹

arco iris

蘑菇

champiñón

棕榈树

palmera

蚊子

mosquito

苍蝇

mosca

蚂蚁

hormiga

蜜蜂

abeja

蜘蛛

araña

甲虫

escarabajo

青蛙

rana

松鼠

ardilla

刺猬

erizo

野兔

liebre

猫头鹰

lechuza

鸟

pájaro

天鹅

cisne

野猪

jabalí

鹿

ciervo

麋鹿

alce

水坝

presa

风力发电机

aerogenerador

太阳能电池板

panel solar

气候

clima

服务员
mozo

菜单
menú

椅子
silla

披萨饼
pizza

汤
sopa

桌布
mantel

餐具
cubiertos

前菜

entrada

主菜

plato principal

甜点

postre

饮料

bebidas

食物

comida

瓶子

botella

快餐

comida rápida

街边小吃

comida callejera

茶壶

tetera

糖盒

azucarera

一份饭菜

porción

意式咖啡机

cafetera expreso

高脚椅

sillita alta

账单

cuenta

托盘

bandeja

刀

cuchillo

餐叉

tenedor

勺子

cuchara

茶匙

cucharita

餐巾

servilleta

玻璃杯

vaso

碟子

plato

汤盘

plato hondo

碟子

plato

酱

salsa

盐瓶

salero

胡椒磨

molinillo de pimienta

醋

vinagre

食用油

aceite

调味料

especias

番茄酱

kétchup

芥末

mostaza

蛋黄酱

mayonesa

超市

supermercado

特价
oferta especial

顾客
cliente

乳制品
lácteos

水果
fruta

购物车
changuito

肉铺

carnicería

面包房

panadería

称重

pesar

蔬菜

verduras

肉

carne

冷冻食品

alimentos congelados

冷盘

fiambres

罐头食品

alimentos enlatados

洗衣粉

detergente en polvo

甜食

golosinas

日用品

electrodomésticos

清洁用品

productos de limpieza

销售员

vendedora

收银机

caja

收银员

cajero

购物清单

lista de compras

开放时间

horario de atención

钱包

billetera

信用卡

tarjeta de crédito

袋子

cartera

塑料袋

bolsa de plástico

超市 - supermercado

水

agua

果汁

jugo

牛奶

leche

可乐

bebida cola

红酒

vino

啤酒

cerveza

酒

alcohol

可可

cacao

茶

té

咖啡

café

意式浓缩咖啡

café expreso

卡布奇诺

cappuccino

香蕉

banana

苹果

manzana

橙子

naranja

西瓜

melón

柠檬

limón

胡萝卜

zanahoria

大蒜

ajo

竹子

bambú

洋葱

cebolla

蘑菇

champiñón

坚果

nueces

面条

fideos

意大利面条

tallarines

米饭

arroz

沙拉

ensalada

薯条

papas fritas

炸土豆

papas fritas

披萨饼

pizza

汉堡包

hamburguesa

三明治

sándwich

炸猪排

churrasco

火腿

jamón

萨拉米

salame

香肠

salchicha

鸡肉

pollo

烤肉

asado

鱼

pescado

燕麦片

copos de avena

穆兹利

muesli

玉米片

copos de maíz

面粉

harina

羊角面包

medialuna

面包卷

pancito

面包

pan

烤面包

tostada

饼干

galletitas

黄油

manteca

凝乳

cuajada

蛋糕

torta

蛋

huevo

煎蛋

huevo frito

奶酪

queso

冰激凌

helado

糖

azúcar

蜂蜜

miel

果酱

mermelada

巧克力酱

pasta de chocolate

咖喱饭

curry

农舍
granja

粮仓
granero

稻草捆
fardo de paja

田野
campo

马
caballo

拖车
remolque

拖拉机
tractor

马驹
potrillo

驴
burro

羔羊
cordero

羊
oveja

山羊

cabra

奶牛

vaca

牛犊

ternero

猪

cerdo

小猪

lechón

公牛

toro

鹅
ganso

鸭
pato

小鸡
pollo

母鸡
gallina

公鸡
gallo

鼠
rata

猫
gato

老鼠
ratón

牛
buey

狗
perro

狗屋
cucha

花园浇水软管
manguera

洒水壶
regadera

长柄大镰刀
guadaña

犁
arado

镰刀

hoz

锄头

azada

长柄草耙

horquilla

斧头

hacha

独轮手推车

carretilla

饲料槽

abrevadero

牛奶罐

lechera

麻布袋

bolsa

栅栏

reja

马厩

establo

温室

invernadero

土壤

suelo

种子

semilla

肥料

fertilizador

联合收割机

cosechadora

收割

cosechar

收割

cosecha

山药

batatas

小麦

trigo

大豆

soja

土豆

papa

玉米

maíz

油菜籽

semilla de colza

果树

árbol frutal

树薯

mandioca

谷物

cereales

烟囱
chimenea

屋顶
techo

落水管
caño de desagüe

窗户
ventana

车库
garaje

门铃
timbre

门
puerta

垃圾桶
tacho de basura

信箱
buzón

花园
jardín

客厅
living

浴室
baño

厨房
cocina

卧室
dormitorio

儿童房
cuarto de los chicos

餐厅
comedor

地板

piso

墙壁

pared

吊顶

cielorraso

地窖

sótano

桑拿

sauna

阳台

balcón

露台

terraza

游泳池

pileta

割草机

cortadora de pasto

被单

sábana

床罩

acolchado

床

cama

扫帚

escoba

水桶

balde

开关

interruptor

壁纸
empapelado

台灯
lámpara

照片
imagen

搁架
estante

橱柜
armario

电视机
televisión

壁炉
chimenea

花
flor

垫子
almohadón

沙发
sofá

花瓶
florero

遥控器
control remoto

地毯

alfombra

窗帘

cortina

餐桌

mesa

椅子

silla

摇椅

mecedora

扶手椅

sillón

书

libro

毯子

frazada

装饰品

decoración

木柴

leña

电影

película

高保真音响

equipo de música

钥匙

llave

报纸

diario

油画

pintura

海报

póster

收音机

radio

笔记本

cuaderno

吸尘器

aspiradora

仙人掌

cactus

蜡烛

vela

微波炉
microondas

冰箱
heladera

厨房秤
balanza de cocina

烤面包机
tostadora

洗洁精
detergente

烤箱
horno

冰柜
freezer

垃圾桶
tacho de basura

洗碗机
lavaplatos

炊具

cocina

锅

olla

铸铁锅

olla de hierro fundido

炒锅

wok

平底锅

sartén

水壶

pava

蒸锅

vaporera

烤盘

bandeja de horno

陶瓷锅

vajilla

马克杯

taza

碗

bol

筷子

palitos

长柄勺

cucharón

铲子

estpátula

搅拌器

batidora

滤网

colador

筛子

colador

磨碎机

rallador

研钵

mortero

烧烤

parrilla

明火

fogata

菜板

tabla de picar

擀面杖

palo de amasar

开瓶器

sacacorchos

罐子

lata

开罐器

abrelatas

隔热手套

manopla

水槽

pileta

刷子

cepillo

海绵

esponja

搅拌机

batidora

冷藏箱

congelador

奶瓶

mamadera

水龙头

canilla

供暖设备
calefacción

淋浴
ducha

毛巾
toalla

浴帘
cortina de ducha

泡沫浴
baño de espuma

浴缸
bañadera

玻璃杯
vaso

洗衣机
lavarropas

水龙头
canilla

瓷砖
baldosas

便壶
pelela

水槽
pileta

厕所
inodoro

蹲便器
letrina

坐浴器
bidé

小便池
mingitorio

厕纸
papel higiénico

马桶刷
cepillo para el inodoro

牙刷

cepillo de dientes

牙膏

dentífrico

牙线

hilo dental

洗

lavar

手持式喷淋头

ducha de mano

冲洗器

ducha higiénica

洗脸盆

palangana

擦背刷

cepillo para espalda

肥皂

jabón

沐浴露

gel de ducha

洗发水

shampoo

法兰绒

toallita

排水

desagüe

乳霜

crema

除臭剂

desodorante

浴室 - baño

镜子

espejo

手镜

espejito

剃须刀

maquinita de afeitar

剃须泡沫

espuma de afeitar

须后水

aftershave

梳子

peine

刷子

cepillo

吹风机

secador de pelo

喷发定型剂

spray

化妆品

maquillaje

唇膏

lápiz de labios

指甲油

esmalte para uñas

化妆棉

algodón

指甲剪

tijera para uñas

香水

perfume

洗漱包

portacosméticos

凳子

banqueta

计重秤

balanza

浴袍

bata

橡胶手套

guantes de goma

卫生棉条

tampón

卫生巾

toallita femenina

化学厕所

baño químico

浴室 - baño

儿童房

cuarto de los chicos

闹钟
despertador

毛绒玩具
peluche

玩具车
coche de juguete

玩具屋
casa de muñecas

礼物
regalo

拨浪鼓
sonajero

气球

globo

床

cama

（洋娃娃用）婴儿车

cochecito

扑克牌

cartas

拼图

rompecabezas

漫画

historieta

乐高积木

piezas de lego

积木玩具

ladrillos de juguete

玩具人

figura de acción

婴儿服

enterito (de bebé)

飞盘

frisbee

床铃玩具

móvil para bebés

棋盘游戏

juego de mesa

骰子

dados

火车模型

tren eléctrico

安抚奶嘴

chupete

聚会

fiesta

绘本

libro de cuentos ilustrado

球

pelota

洋娃娃

muñeca

玩

jugar

沙坑

arenero

秋千

hamaca

玩具

juguetes

游戏机

consola de videojuegos

三轮车

triciclo

泰迪熊

osito de peluche

衣柜

armario

衣服

ropa

袜子

medias

长袜

medias panty

紧身裤

calzas

围巾
bufanda

雨伞
paraguas

T恤
remera

皮带
cinturón

靴子
botas

拖鞋
pantuflas

运动鞋
zapatillas

凉鞋
sandalias

鞋
zapatos

雨靴
botas de goma

内裤
ropa interior

胸罩
corpiño

背心
chaleco

身体

body

裤子

pantalones

牛仔裤

jeans

短裙

pollera

女式衬衫

blusa

衬衫

camisa

套头衫

pulóver

卫衣

buzo

西装夹克

blazer

夹克

campera

外套

tapado

雨衣

piloto

套装

traje

连衣裙

vestido

婚纱

vestido de novia

西装

traje

睡袍

camisón

睡衣

pijama

莎丽

sari

头巾

pañuelo para cabeza

包头巾

turbante

波卡

burka

卡夫坦

caftán

(阿拉伯式)长袍长袍

abaya

泳衣

traje de baño

男式泳裤

short de baño

短裤

shorts

运动服

jogging

围裙

delantal

手套

guantes

衣服 - ropa

纽扣

botón

眼镜

anteojos

手链

pulsera

项链

collar

戒指

anillo

耳环

aro

便帽

gorra

衣架

percha

帽子

sombrero

领带

corbata

拉链

cierre

头盔

casco

背带

tiradores

校服

uniforme escolar

制服

uniforme

围兜
babero

安抚奶嘴
chupete

尿不湿
pañal

服务器
servidor

文件柜
archivero

打印机
impresora

显示屏
monitor

纸
papel

鼠标
mouse

办公桌
escritorio

文件夹
carpeta

键盘
teclado

废纸筐
tacho (de basura)

电脑
computadora

椅子
silla

咖啡杯
taza de café

计算器
calculadora

因特网
internet

办公室 - oficina

49

笔记本电脑

laptop

信件

carta

消息

mensaje

手机

celular

网络

red

复印机

fotocopiadora

软件

software

电话

teléfono

插座

tomacorriente

传真机

fax

表格

formulario

文件

documento

买

comprar

付钱

pagar

交易

hacer negocios

现金

dinero

美元

dólar

欧元

euro

日元

yen

卢布

rublo

瑞士法郎

franco suizo

人民币

yuan

卢比

rupia

提款处

cajero automático

外币兑换处

casa de cambio

金

oro

银

plata

石油

petróleo

能源

energía

价格

precio

合同

contrato

税金

impuesto

股票

acción

工作

trabajar

职员

empleado

老板

empleador

工厂

fábrica

商店

negocio

警官
policía

消防员
bombero

飞行员
piloto

厨师
cocinero

医生
médico

园丁

jardinero

木匠

carpintero

裁缝

modista

法官

juez

化学家

farmacéutico

演员

actor

公交车司机

colectivero

出租车司机

taxista

渔夫

pescador

清洁女工

mucama

屋顶工

techista

服务员

mozo

猎人

cazador

画家

pintor

面包师

panadero

电工

electricista

建筑工人

albañil

工程师

ingeniero

屠夫

carnicero

水管工

plomero

邮递员

cartero

士兵

soldado

建筑师

arquitecto

收银员

cajero

花农

florista

理发师

peluquero

售票员

cobrador

机械师

mecánico

船长

capitán

牙医

dentista

科学家

científico

拉比

rabino

伊玛目

imán

和尚

monje

牧师

sacerdote

herramientas

铁锤
martillo

钳子
tenaza

螺丝刀
destornillador

扳手
llave

手电筒
linterna

挖掘机

excavadora

工具箱

caja de herramientas

梯子

escalera portátil

锯子

sierra

钉子

clavos

钻机

taladro

修
....
arreglar

铲子
....
pala de jardín

靠！
....
¡Qué bronca!

簸箕
....
pala de plástico

油漆桶
....
tacho de pintura

螺丝
....
tornillos

乐器
instrumentos musicales

打击乐器
batería

扬声器
parlante

吉他
guitarra

低音提琴
contrabajo

小号
trompeta

钢琴

piano

小提琴

violín

贝斯

bajo

定音鼓

timbales

鼓

tambor

电子琴

teclado

萨克斯管

saxofón

长笛

flauta

麦克风

micrófono

入口
entrada

老虎
tigre

笼子
jaula

斑马
cebra

动物饲料
alimento para animales

熊猫
oso panda

动物

animales

大象

elefante

袋鼠

canguro

犀牛

rinoceronte

大猩猩

gorila

熊

oso

骆驼

camello

鸵鸟

avestruz

狮子

león

猴子

mono

火烈鸟

flamenco

鹦鹉

loro

北极熊

oso polar

企鹅

pingüino

鲨鱼

tiburón

孔雀

pavo real

蛇

serpiente

鳄鱼

cocodrilo

动物园管理员

cuidador del zoológico

海豹

foca

美洲豹

jaguar

矮种马
poni

豹
leopardo

河马
hipopótamo

长颈鹿
jirafa

老鹰
águila

野猪
jabalí

鱼
pescado

龟
tortuga

海象
morsa

狐狸
zorro

羚羊
gacela

动物园 - zoológico

橄榄球
fútbol americano

骑自行车
ciclismo

网球
tenis

篮球
básquet

游泳
natación

拳击
boxeo

冰球
hockey sobre hielo

英式足球
fútbol

羽毛球
bádminton

田径
atletismo

手球
handball

滑雪
esquí

马球
polo

actividades

跳
saltar

笑
reír

拥抱
abrazar

走路
caminar

唱
cantar

做梦
soñar

祈祷
rezar

亲吻
besar

书写
escribir

画
dibujar

展示
mostrar

推
presionar

给
dar

拿
tomar

活动 - actividades

有
....
tener

做
....
hacer

当
....
ser

站
....
estar parado

跑
....
correr

拉
....
tirar

扔
....
tirar

摔倒
....
caer

躺
....
estar acostado

等待
....
esperar

携带
....
llevar

坐
....
estar sentado

穿衣
....
vestirse

睡觉
....
dormir

醒来
....
despertar

看
mirar

哭
llorar

抚摸
acariciar

梳头
peinar

交谈
hablar

明白
entender

问
preguntar

听
escuchar

喝
beber

吃
comer

清理
ordenar

爱
amar

做饭
cocinar

开车
manejar

飞
volar

航行

navegar

计算

calcular

读

leer

学习

aprender

工作

trabajar

结婚

casarse

缝

coser

刷牙

cepillarse los dientes

杀

matar

抽烟

fumar

寄

enviar

祖母
abuela

祖父
abuelo

父亲
padre

母亲
madre

婴童
bebé

女儿
hija

儿子
hijo

客人
invitado

阿姨
tía

叔叔
tío

兄弟
hermano

姐妹
hermana

前额
▶ frente

眼睛
ojo

肩膀
hombro ◢

手指
dedo ◢

脸
cara ◥

下巴
pera

手
mano

乳房
pecho ◢

腿
pierna ◥

手臂
brazo

婴童
bebé

男人
hombre

女人
mujer

女孩
nena

男孩
nene

头
cabeza

背部

espalda

肚子

panza

肚脐

ombligo

脚趾

dedo del pie

脚后跟

talón

骨头

hueso

臀部

cadera

膝盖

rodilla

手肘

codo

鼻子

nariz

屁股

cola

皮肤

piel

脸颊

cachete

耳朵

oreja

嘴唇

labio

嘴
boca

牙齿
diente

舌头
lengua

脑
cerebro

心脏
corazón

肌肉
músculo

肺
pulmón

肝脏
hígado

胃
estómago

肾脏
riñones

性交
sexo

避孕套
preservativo

卵子
óvulo

精子
semen

怀孕
embarazo

月经

menstruación

阴道

vagina

阴茎

pene

眉毛

ceja

头发

pelo

脖子

cuello

医院
hospital

救护车
ambulancia

轮椅
silla de ruedas

骨折
fractura

医生

médico

急诊室

sala de guardia

护士

enfermera

紧急情况

emergencia

昏迷

inconsciente

痛

dolor

受伤
lesión

出血
hemorragia

心脏病发作
infarto

中风
ACV

过敏
alergia

咳嗽
tos

发烧
fiebre

流感
gripe

腹泻
diarrea

头痛
dolor de cabeza

癌症
cáncer

糖尿病
diabetes

外科医生
cirujano

手术刀
bisturí

手术
operación

CT

TC

X光

rayos x

超声波

ecografía

口罩

barbijo

疾病

enfermedad

候诊室

sala de espera

拐杖

muleta

石膏

curita

绷带

venda

注射

inyección

听诊器

estetoscopio

担架

camilla

体温计

termómetro

出生

nacimiento

超重

sobrepeso

助听器

audífono

消毒液

desinfectante

感染

infección

病毒

virus

艾滋病

VIH / SIDA

药物

remedio

接种疫苗

vacunación

药片

comprimidos

药丸

pastilla anticonceptiva

急救电话

llamada de emergencia

血压计

tensiómetro

生病/健康

enfermo / sano

救命！

¡Ayuda!

突击

agresión

警报

alarma

攻击

ataque

危险

peligro

紧急出口

salida de emergencia

着火啦！

¡Fuego!

灭火器

matafuego

意外

accidente

急救箱

botiquín de primeros
auxilios

呼救信号

SOS

警察

policía

欧洲

Europa

北美洲

América del Norte

南美洲

América del Sur

非洲

África

亚洲

Asia

澳洲

Australia

大西洋

Atlántico

太平洋

Pacífico

印度洋

Océano Índico

南冰洋

Océano Antártico

北冰洋

Océano Ártico

北极

polo norte

南极
polo sur

南极洲
Antártida

地球
Tierra

陆地
tierra

海
mar

岛
isla

国家
nación

国家
estado

钟面

esfera

时针

manecilla de las horas

分针

minutero

秒针

segundero

现在几点？

¿Qué hora es?

天

día

时间

hora

现在

ahora

电子表

reloj digital

分

minuto

时

hora

周

semana

周一 lunes
周三 miércoles
周五 viernes
周二 martes
周六 sábado
周四 jueves
周日 domingo

昨天
ayer

今天
hoy

明天
mañana

早晨
mañana

中午
mediodía

晚上
tarde

工作日
días hábiles

周末
fin de semana

彩虹
▶ arco iris

雨
▶ lluvia

雪
nieve

风
viento

春
primavera

秋
otoño

夏
verano

冬
invierno

天气预报

ronóstico meteorológico

温度计

termómetro

阳光

luz del sol

云

nube

雾

niebla

潮湿

humedad

闪电

rayo

打雷

trueno

风暴

tormenta

冰雹

granizo

季风

monzón

洪水

inundación

冰

hielo

一月

enero

二月

febrero

三月

marzo

四月

abril

五月

mayo

六月

junio

七月

julio

八月

agosto

九月
....
septiembre

十月
....
octubre

十一月
....
noviembre

十二月
....
diciembre

形状
formas

圆形
....
círculo

正方形
....
cuadrado

长方形
....
rectángulo

三角形
....
triángulo

球体
....
esfera

立方体
....
cubo

颜色

colores

白
....
blanco

黄
....
amarillo

橙
....
naranja

粉
....
rosa

红
....
rojo

紫
....
violeta

蓝
....
azul

绿
....
verde

棕
....
marrón

灰
....
gris

黑
....
negro

很多/少许

mucho / poco

生气/平静

enojado / tranquilo

美/丑

lindo / feo

首/尾

principio / fin

大/小

grande / chico

明/暗

claro / oscuro

兄弟/姐妹

hermano / hermana

干净/肮脏

limpio / sucio

完整/缺失

completo / incompleto

白天/晚上

día / noche

死/生

muerto / vivo

宽/窄

ancho / angosto

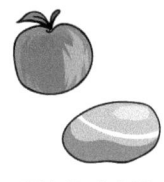

可食用/非食用

comestible / no comestible

邪恶/善良

malo / amable

兴奋/无聊

entusiasmado / aburrido

胖/瘦

gordo / flaco

第一/最后

primero / último

朋友/敌人

amigo / enemigo

满/空

lleno / vacío

硬/软

duro / blando

重/轻

pesado / liviano

饿/渴

hambre / sed

生病/健康

enfermo / sano

非法/合法

ilegal / legal

聪明/愚笨

inteligente / estúpido

左/右

izquierda / derecha

近/远

cerca / lejos

新/旧

nuevo / usado

没有/有些

nada / algo

老/幼

viejo / joven

开/关

encendido / apagado

打开/合上

abierto / cerrado

安静/吵闹

silencioso / ruidoso

富/穷

rico / pobre

对/错

correcto / incorrecto

粗糙/光滑

áspero / suave

伤心/高兴

triste / contento

短/长

corto / largo

慢/快

lento / rápido

湿/干

mojado / seco

温暖/凉爽

caliente / frío

战争/和平

guerra / paz

数字

números

0

零

cero

1

一

uno

2

二

dos

3

三

tres

4

四

cuatro

5

五

cinco

6

六

seis

7

七

siete

8

八

ocho

9

九

nueve

10

十

diez

11

十一

once

12

十二

doce

13

十三

trece

14

十四

catorce

15

十五

quince

16

十六

dieciséis

17

十七

diecisiete

18

十八

dieciocho

19

十九

diecinueve

20

二十

veinte

100

百

cien

1.000

千

mil

1.000.000

百万

millón

英语

inglés

美式英语

inglés americano

普通话

chino mandarín

印地语

hindi

西班牙语

español

法语

francés

阿拉伯语

árabe

俄语

ruso

葡萄牙语

portugués

孟加拉语

bengalí

德语

alemán

日语

japonés

我
yo

你
vos

他/她/它
él / ella

我们
nosotros

你们
ustedes

他们
ellos

谁？
¿quién?

什么？
¿qué?

怎样？
¿cómo?

哪里？
¿dónde?

什么时候？
¿cuándo?

名字
nombre

后面

detrás

里面

en

前面

adelante de

上方

por encima de

上面

sobre

下面

debajo de

旁边

al lado de

中间

entre

地点

lugar